FONDATION D'UNE BOURSE

AU

LYCÉE DE PAU

OFFERTE

PAR M. NOGUÉ, AVOCAT,

Ancien Maire de Pau (1838-1843),

REFUSÉE

PAR SON EXCELLENCE MONSIEUR DURUY,

Ministre de l'Instruction publique.

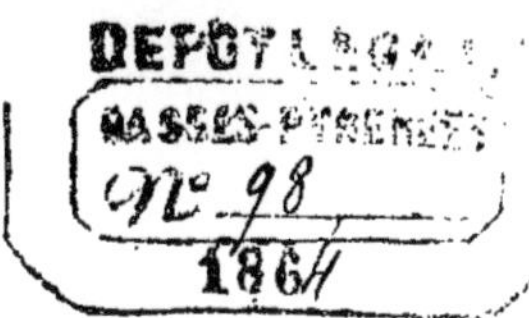

————◦‖◦————

BAYONNE,

IMPRIMERIE P.-A. CLUZEAU, RUE DULUC, 15,

—

1864.

FONDATION D'UNE BOURSE AU LYCÉE DE PAU.

J'avais formé le projet de fonder une Bourse au Lycée de Pau.

En 1865, voulant le mettre à exécution, je consultai le décret du 15 novembre 1811 et celui du 17 mars 1808, qui dans leurs principales dispositions, sont encore applicables à l'Université.

L'art. 175 du premier décret autorise le Grand-Maître, remplacé aujourd'hui par le Ministre de l'Instruction publique, à accepter, après délibération du Conseil de l'Université, les fondations qui seront faites, en observant les formes et conditions prescrites pour les acceptations de donations et legs faits aux communes et aux hospices.

L'art. 176 permet aux fondateurs de mettre à leurs dons toutes les conditions qui ne seront pas contraires aux dispositions du titre V du décret du 17 mars 1808, à la police de l'Université et aux règles du droit commun.

Ce titre V ne traite que des bases de l'enseignement qui doivent être :

1° Les préceptes de la religion catholique ;

2° La fidélité à l'Empereur, à la monarchie impériale, dépositaire du bonheur des peuples, et à la dynastie napoléonienne, conservatrice de toutes les idées libérales proclamées par les constitutions ;

3° L'obéissance aux statuts du corps enseignant, qui ont pour objet l'uniformité de l'instruction.

L'art. 179 du décret de 1811 permet aux fondateurs de désigner des administrateurs du bien affecté à la fondation.

Les art. 180 et 172 l'autorisent à mettre pour condition à la fondation que la Bourse sera à sa nomination, ou qu'elle sera donnée de préférence dans sa famille.

La lecture de ces dispositions me causa une vive satisfaction. Je ne voulais conserver aucune influence dans l'administration des biens donnés, ou dans la désignation du boursier ; celui-ci devait être soumis à la discipline de l'Université, recevoir l'instruction qu'elle donne ; ainsi, je ne prévoyais pas de difficulté dans l'exécution de mon projet. Il me semblait que, sous l'empire des principes de 89, lorsque l'égalité a été consacrée et la liberté proclamée, l'administration devait accepter avec empressement un don ayant pour but de donner l'instruction secondaire à l'enfant qui se montrerait le plus apte, aux yeux d'hommes capables de juger de l'intelligence, et qu'on me saurait quelque gré de chercher à faire prévaloir les principes d'une tolérance complète.

Des paroles parties de haut avaient depuis peu, et peut-être d'une manière trop absolue, proclamé le défaut d'initiative individuelle chez les Français, et exprimé le regret que notre nation manquât de quelques-unes des qualités qui caractérisent la race Anglo-Saxonne et qui font sa force. Je ne pouvais pas supposer qu'on dût refuser, pour la fondation d'une Bourse, des conditions qui auraient été acceptées en 1808 et en 1811.

Je m'occupai avec une confiance entière de la rédaction des conditions que je voulais mettre à la fondation d'une Bourse au Lycée de Pau. Elles sont ainsi exprimées :

Art. 1er. Je m'engage à donner au Lycée de Pau, pour la fondation d'une Bourse, douze mille francs, produisant six cents francs de rente. Ce capital m'est dû par la Société du théâtre qui, moyennant le payement exact des intérêts, aura le droit de le conserver tout le temps que cela lui conviendra.

Art. 2. La Bourse sera donnée, au concours, à l'enfant qui, relativement à son âge, l'emportera sur tous les autres par l'instruction acquise et par l'intelligence.

Art. 3. Pour être admis à concourir les enfants devront être nés dans le département des Basses-Pyrénées, être en état d'entrer en 6e, en 5e ou en 4e, et ne pas avoir douze, treize ou quatorze ans accomplis avant le 1er janvier de l'année où ils suivront chacune de ces classes.

L'entrée en jouissance de la Bourse aura lieu au commencement de l'année classique.

Art. 4. L'élève boursier entrera dans la classe pour laquelle il se sera fait inscrire ; il ne sera, sous aucun prétexte, admis à doubler une classe. Il suivra les cours des lettres.

Art. 5. En cas de doute dans le concours, la Bourse serait donnée de préférence aux enfants des Docteurs en médecine, exerçant dans la campagne et n'habitant pas l'une des trois villes les plus peuplées du département.

Art. 6. Il sera procédé à l'examen, en public, dans une des salles du Lycée, par une commission composée du Proviseur, président, des quatre professeurs de rhétorique, de seconde, de troisième et de quatrième, de l'ingénieur en chef des ponts-et-chaussées et du bâtonnier des avocats. En cas d'absence du Proviseur la présidence appartiendra au plus âgé des professeurs. La commission sera constituée par la présence de quatre membres. Les personnes désignées pour en faire partie ne pourront pas se faire représenter par un délégué ; elles devront ou s'abstenir ou s'y rendre personnellement.

Art. 7. Cette commission décidera souverainement toutes les questions qui se présenteront pour l'admissibilité. Elle n'aura aucun égard aux services civils ou militaires que les parents pourront avoir rendus ; elle ne se préoccupera ni des opinions politiques ou sociales de la famille de l'enfant, ni de ses croyances religieuses, ni de la naissance irrégulière d'un enfant, si d'ailleurs la conduite de sa mère est décente (1). En un mot, elle ne verra

---

(1) Des faits dont j'ai été témoin, m'ont malheureusement prouvé qu'il était nécessaire d'exprimer qu'un enfant ne devait pas être victime d'une faute qui n'est pas la sienne.

que les qualités dont les enfants seront doués et que le degré d'instruction auquel ils seront parvenus. Cette disposition sera lue, à haute voix, par le Président, à l'ouverture de la séance pour l'examen.

Art. 8. Un enfant sera privé de sa Bourse, 1° si sa conduite est mauvaise ; 2° si dès la seconde année, et pendant chacune des années suivantes, il n'est pas classé, d'après le résultat des points des compositions, dans la première moitié de sa classe ; 3° s'il abandonne l'étude des lettres ; 4° s'il se présente pour l'examen de bachelier sans avoir terminé ses études. Toutes ces conditions sont de rigueur.

Art. 9. Comme la somme de six cents francs ne suffirait pas pour payer le prix de la pension entière, la différence sera comptée par les parents du boursier.

Chaque fois que la Bourse sera vacante, elle le restera pendant un an. L'économie de six cents francs que chacune des vacances produira sera placée en rentes sur l'État, dont les intérêts accroîtront successivement le fonds de la Bourse et le rapprocheront du prix de la pension. Cette disposition sera indéfiniment observée. — Lorsque les intérêts dépasseront le prix de la pension, l'excédant recevra une destination analogue à celle que j'indique.

Art. 10. Si le Lycée était supprimé, s'il cessait d'être un établissement de l'État, ou si l'enseignement cessait d'y être confié à des laïques, le capital constituant la dotation et les accroissements qu'il aurait reçus par suite des vacances, seront remboursés et versés au Bureau de Bienfaisance de Gan, qui en profitera.

—◦—❦—◦—

Quelques observations sont nécessaires pour faire comprendre les motifs des dispositions qui précèdent.

1° Une Société d'actionnaires, ayant un capital de 310,000 fr., a fait bâtir à Pau, sur un terrain dont la jouissance lui a été abandonnée par la ville, un théâtre, une salle de concert, un café, un cercle et des magasins. Le capital représenté par les actions n'ayant pas suffi pour payer la dépense qui s'est élevée à près de 500,000 fr., la Société a dû faire un emprunt garanti par les bâtiments et dont l'intérêt est prélevé sur le produit des locations s'élevant aujourd'hui à environ 20,000 fr. par an. Je voulais, sans nuire à la fondation, donner toute facilité à la Société du théâtre pour se libérer.

2° L'ambition du médecin qui exerce son état dans une petite ville, ou à la campagne, doit se borner à vivre modestement et à conserver son patrimoine. Je voulais venir en aide, pour l'éducation de ses enfants, à cette classe si utile, si éclairée, si intéressante et dans laquelle j'ai eu le bonheur de compter tant d'amis.

3° L'instruction secondaire est souvent un malheur pour l'enfant pauvre qui n'est ni assez laborieux, ni assez intelligent pour en profiter. Je voulais donner l'instruction à l'enfant le plus intelligent parmi ceux qui se présenteraient. Celui-là seul pouvait payer, en se rendant utile à la société, le bienfait qu'il aurait reçu.

J'aurais pu réserver pour moi et pour mes héritiers le droit de désignation. (Art. 172 et 180 du décret du 15 novembre 1811). Je ne l'ai pas voulu. Il me semblait que M. le Ministre verrait avec plaisir ce pouvoir délégué à cinq fonctionnaires de l'Université, à un ingénieur en chef et à l'avocat que ses confrères auraient choisi pour le placer à la tête de leur ordre.

Laisser le soin de l'examen à la commission chargée d'interroger les candidats aux Bourses impériales ou départementales, eût été m'exposer à voir, dans les temps de passion ou d'agitation, la politique ou la faveur administrative déterminer les choix. D'après le décret du 7 février 1852, cette commission, qui doit se composer de trois ou de cinq membres, est désignée par le Ministre de l'Instruction publique, et nous avons vu trop souvent des ministres et des agents du gouvernement montrer peu d'impartialité et peu de justice envers les partis qui n'étaient pas au pouvoir.

D'après l'art. 2 de ce décret les boursiers sont nommés à raison des services de leurs parents, et il est arrivé quelquefois que ces services étaient douteux ou qu'ils n'avaient été que trop payés avec de l'argent; les nominations doivent dans tous les cas être faites ou confirmées par l'Empereur ou par le Ministre de l'Instruction publique; l'examen constate l'aptitude des candidats et non pas la préférence à leur donner par suite d'un concours. Il eut été difficile que cette commission abandonnât ses habitudes et s'éloignât de ses instructions, pour n'avoir égard qu'à l'intelligence et au degré d'instruction de l'enfant. Il n'y avait de garantie, pour l'exécution de ma volonté, que dans le choix d'une commission spéciale ayant le droit d'examiner et de nommer.

J'étais loin de supposer qu'une telle pensée pût, en quoi que ce soit, mettre en péril les règlements de l'Université ou le principe de l'égalité.

4° Dans mon opinion, en disant qu'un élève perdrait sa Bourse par *une mauvaise conduite*, j'employais l'expression la plus élastique, celle qui laissait le plus de latitude pour la discipline. La conduite comprend tout.

Je voulais aussi qu'un élève paresseux, ou peu intelligent ne pût pas conserver une Bourse dont un autre profiterait mieux.

5° La vacance de la Bourse pendant un an, pour augmenter l'importance de la fondation, me paraissait rentrer dans mes pouvoirs. Qu'importe au donataire que le donateur suspende, à des époques indéterminées et pour un temps limité, les effets de sa donation, si l'économie réalisée est destinée à augmenter le bien qu'on a voulu faire.

6° Enfin, ma fondation était faite dans le Lycée de Pau, établissement de l'État. Il était naturel que si les conditions venaient à changer le capital donné reçût une autre destination également de bienfaisance.

Je suis convaincu qu'un établissement d'instruction confié exclusivement aux ministres d'un culte, ou à un corps religieux enseignant, ne peut recevoir que des élèves appartenant à la religion professée par les maîtres. Les idées de tolérance politique et religieuse me sont les plus chères et me paraissent les plus importantes. Je devais ou renoncer à ma fondation, ou mettre pour condition que l'enseignement resterait confié à des laïques.

Le 23 novembre 1863 je signai mes propositions et je les envoyai à M. le Proviseur du Lycée de Pau, avec la lettre suivante :

« Monsieur le Proviseur,

« J'ai l'honneur de vous envoyer un engagement pour la fonda-
« tion d'une Bourse au Lycée de Pau, moyennant l'abandon d'une
« somme de 12,000 fr. Je vous prie de vouloir faire procéder à
« l'instruction de cette affaire et de lui donner les suites que vous
« jugerez convenables.

« Je voudrais que les intérêts du capital profitassent au Lycée à
« partir du 1er octobre 1864 et que par conséquent, la Bourse fut
« établie pour la prochaine année scolaire.

« La somme de 12,000 fr., que je veux céder, m'est due par la
« Société du théâtre. Le bâtiment du théâtre, qui est assuré con-
« tre l'incendie, et les loyers répondent de l'exactitude du paye-
« ment. Ainsi, le placement est excellent.

« Je ne sais si les formalités à remplir donneront lieu à la per-
« ception de quelque droit. Je ne veux en payer aucun et je ne
« consentirais pas à ce que le capital que je donne, ou les intérêts
« qu'il produira, fussent diminués par des droits d'enregistrement.
« Il me paraîtrait peu juste qu'une libéralité que je fais à l'État, fut
« une occasion d'impôt pour l'État lui-même.

« Veuillez, etc. »

Le même jour, sans perdre un instant, M. le Proviseur du Lycée m'écrivit pour me remercier et pour m'annoncer qu'il allait soumettre, sans délai, mon projet à l'approbation de l'autorité supérieure.

Peu de jours après M. l'Inspecteur de l'Académie me fit l'honneur de venir me voir; il me communiqua le rapport qu'il adressait à M. le Recteur et bientôt j'appris que celui-ci avait transmis, avec un avis favorable, ma proposition à M. le Ministre.

Dès lors je considérai cette affaire comme terminée et je n'y pensai presque plus.

Cependant les semaines, les mois s'écoulèrent sans que j'entendisse parler de rien. Dans d'autres temps je n'en aurais pas été surpris, mais, M. Duruy était Ministre de l'Instruction publique, son activité, son zèle m'étaient connus; avec la France entière j'avais applaudi à ces belles paroles qui terminent sa circulaire du 16 juillet 1863, adressée aux Recteurs : « Je vous prie de tenir, « comme je le fais moi-même, votre travail à jour, du moins autant que la promptitude ne nuira pas à la maturité de l'examen, « de sorte que votre portefeuille se trouve vide chaque soir et « qu'une réponse ait été faite ou une direction donnée pour toute « affaire arrivée le matin.

« Du haut en bas de l'échelle administrative, nous sommes les « serviteurs du public et de l'État; ne l'oublions jamais. »

Il me paraissait peu poli qu'un Ministre, qui savait chaque soir ce qui s'était fait dans ses bureaux, gardât un silence de six mois, sur l'offre d'un don de 12,000 fr. Il me semblait que ma proposition méritait au moins une réponse.

Le 14 mai 1864, voulant faire cesser toute incertitude, j'adressai à M. le Ministre la lettre suivante :

« Monsieur le Ministre,

« Le 25 novembre dernier j'ai remis à M. le Proviseur du Lycée « de Pau, une proposition pour la fondation d'une Bourse dans

« ce Lycée, moyennant le don d'un capital de 12,000 fr. J'ai la
« certitude que mon offre a été transmise à votre ministère et ce-
« pendant je n'ai reçu aucune réponse.

« Ce silence, qui se prolonge depuis bientôt six mois, m'étonne
« et je vous laisse le soin d'en apprécier la convenance. »

Le 18 mai la réponse suivante me fut adressée :

« Monsieur, votre proposition de fonder une Bourse au Lycée
« impérial de Pau, moyennant le don d'une somme de 12,000 fr.,
« n'a point été perdue de vue, comme vous le supposez. Seulement
« le projet de fondation, soumis par vous à M. le Proviseur du
« Lycée, a paru s'écarter, en quelques points de détail, des règles
« ordinairement suivies, et donner lieu, par suite, à des diffi-
« cultés que mon administration a dû éclaircir. Tel est le motif
« pour lequel il n'a pas encore été répondu à la transmission de
« vos offres par M. le Recteur de l'Académie de Bordeaux. L'in-
« struction de cette affaire est maintenant fort avancée, et j'espère
« bien être en mesure, sous peu de jours, de vous en faire connaî-
« tre le résultat.

« Recevez, etc. »

Le Ministre de l'Instruction publique,

DURUY.

D'après cette lettre mon projet avait paru s'écarter, *en quelques
points de détail,* des règles ordinairement suivies. Je ne prévoyais
rien de bien grave.

A mon retour à Pau, après une absence de quelques semaines,
une lettre de M. le Recteur de Bordeaux, en date du 11 juin 1864,
me fut communiquée. Elle contenait textuellement les observations
auxquelles l'examen de mon projet avait donné lieu de la part de
M. le Ministre.

Les voici : .

« Le projet de fondation, tel qu'il est formulé, renferme comme
« vous l'avez reconnu, diverses dispositions de détail dont quel-
« ques-unes sont seulement un peu anormales, mais, dont d'au-
« tres me semblent absolument inacceptables.

« Parmi ces dernières, je citerai tout d'abord la désignation
« d'une commission spéciale pour l'examen des aspirants à la
« Bourse fondée, en même temps que pour l'attribution de cette
« Bourse. Il est de règle, dans une vue d'égalité, que les candi-
« dats aux bourses, n'importe de quelle nature, soient examinés
« par la commission fonctionnant au chef-lieu de Préfecture. On
« ne saurait d'autant moins autoriser une dérogation dans l'es-
« pèce que rien n'empêcherait de faire intervenir pour le choix du
« candidat à la Bourse de M. Nogué la commission spéciale men-
« tionnée art. 6 et 7 du projet.

« D'autre part, l'art. 8 du projet qui détermine les causes de
« déchéance de la Bourse, outre qu'il ne tient pas suffisamment
« compte de la discipline générale des Lycées, est conçu dans des
« termes qui laissent place à l'arbitraire. Qui prendrait d'ailleurs
« l'initiative pour l'application de cette mesure? La commission
« spéciale, ou le Proviseur seul. Ce point n'est pas indiqué.

« Enfin, la clause stipulant que la Bourse restera vacante pen-
« dant un an, à la sortie de chaque élève, est, ce me semble, trop
« absolue; il serait plus rationnel d'en limiter l'effet au temps
« nécessaire pour compléter le capital suffisant à l'entretien des
« boursiers dans les classes où le prix de la pension est plus
« élevé.

« Mais la difficulté la plus grave est dans le mode même de
« constitution de la Bourse.

« La base de la fondation, qui est une rente de 600 fr., produit
« d'un capital reposant sur une industrie privée, ne présente pas
« la solidité nécessaire pour assurer la perpétuité d'une œuvre
« qui pour être définitive doit être sanctionnée par un décret.
« Les fonds de l'État offrent seuls cette garantie spéciale de du-

« rée. La donation de M. Nogué dans les conditions où il entend
« la faire, ne pourrait être acceptée qu'à titre éventuel et au
« moyen d'une simple décision administrative.

« Je vous prie de communiquer à M. Nogué les objections que
« soulève son offre bienveillante et de vous concerter avec lui,
« s'il en exprime le désir, pour rendre son projet tout-à-fait pra-
« tique, au moins dans ses dispositions essentielles. Ses inten-
« tions sont trop libérales pour que l'administration ne se com-
« plaise pas à en faciliter l'accomplissement, autant que les
« règlements le permettent. »

Ainsi, parmi les dispositions *absolument inacceptables* se trou-
vait la désignation de la commission pour l'examen, et à mes
yeux cette commission seule offrait des garanties pour l'exécution
de ma volonté. Il est vrai qu'on me proposait de la faire intervenir
pour le choix du candidat à la Bourse. Comment cette intervention aurait-elle eu lieu sans blesser le principe d'*égalité* dont parle
M. le Ministre? Avais-je d'ailleurs la certitude que des examina-
teurs désignés par le Ministre seul auraient la même aptitude que
cinq fonctionnaires pris dans l'Université, pour juger de l'intelligence et de l'avenir d'un enfant ?

Le 29 juin 1864 j'adressai la réponse suivante à M. le Proviseur :

« J'ai lu attentivement les observations que ma proposition
« pour la fondation d'une Bourse d'interne au Lycée de Pau, a
« suggérées à M. le Ministre de l'Instruction publique.

« Elles peuvent se résumer ainsi :

« 1° En déterminant les causes de déchéance de la Bourse je
« n'ai pas tenu suffisamment compte de la discipline générale
« des Lycées ;

« 2° Le capital de la rente de 600 fr., reposant sur une indus-
« trie privée ne présente pas la solidité nécessaire pour assurer
« la perpétuité de la Bourse ;

« 3° La désignation d'une commission spéciale pour l'examen
« des aspirants à la Bourse fondée, et pour l'attribution de cette
« Bourse, et peut-être aussi le lieu désigné pour l'examen, porte-
« raient atteinte à un principe d'égalité.

« D'après l'art. 8 de mon projet un enfant sera privé de sa
« Bourse, 1° *si sa conduite est mauvaise*........ En employant l'ex-
« pression qui me paraissait la plus générale, il me semblait que
« je manifestais suffisamment l'intention de ne gêner en rien, en
« ce qui concerne la discipline, l'administration du Lycée et que
« l'élève boursier devait, pour la discipline, être soumis à la règle
« commune.

« Le capital de 12,000 fr., dont j'ai offert l'abandon, m'est dû
« par la Société du théâtre de Pau. Il a pour garantie *non pas une*
« *industrie privée*, les associés pour la construction du théâtre ne
« sont nullement des industriels, mais, un immeuble qui a coûté
« 500,000 fr., qui est assuré contre les chances de l'incendie, et
« qui rapporte annuellement par des locations à long terme, fai-
« tes à la ville ou à des particuliers, plus de 18,000 fr. La dette
« ne dépassant pas 100,000 fr., ce placement offre pour le moins
« autant de sûreté que des rentes sur l'État.

« D'ailleurs, si le capital venait à périr, il en serait de la fon-
« dation de la Bourse comme de beaucoup de choses de ce monde,
« elle prendrait fin.

« Ainsi, je ne puis pas considérer comme sérieuses ces deux
« premières observations.

« La véritable, la seule difficulté consiste dans la désignation
« d'une commission spéciale et dans le lieu de l'examen. Sur ce
« point j'ai cru qu'en faisant un don, j'étais libre de stipuler tou-
« tes les conditions nécessaires pour assurer l'exécution de ma
« volonté.

« Dans l'art. 2 de mon projet je disais que la Bourse serait
« donnée au concours, à l'enfant qui, relativement à son âge,
« l'emporterait sur tous les autres par l'instruction et par l'intel-
« ligence.

« Ainsi, l'intelligence et le degré relatif d'instruction devaient
« seuls donner droit à l'obtention de la Bourse ; toute autre con-
« sidération devait être mise de côté. Je pensais que cinq mem-
« bres de l'Université, tous désignés par leurs fonctions, tous dési-
« reux d'avoir des élèves qui puissent répondre à leurs soins, que
« l'ingénieur en chef des ponts-et-chaussées et le bâtonnier des
« avocats offraient toute garantie pour un pareil examen. Il est à
« remarquer que je ne m'étais réservé pour moi-même aucune
« influence sur la décision et qu'il ne me restait aucun moyen
« d'intervention. Tous les pouvoirs étaient donnés à la commis-
« sion qui devait décider souverainement.

« Quant au lieu de l'examen j'ai choisi le Lycée pour mieux
« marquer que la Bourse était donnée à l'intelligence seule et
« qu'elle n'était pas une *faveur administrative*.

« Cela ne convient point ; j'en suis fâché et je retire ma pro-
« position.

« Chacun de nous a des devoirs à remplir envers la société.
« J'ai voulu, suivant ma position, m'acquitter des miens pendant
« ma vie. J'espère que l'administration ne trouvera aucun incon-
« vénient à ce que je fasse connaître à mes concitoyens ce que j'ai
« inutilement voulu faire pour eux, et les idées libérales qui pré-
« sident à la direction de l'Instruction publique en France.

« En terminant, permettez-moi, Monsieur le Proviseur, de vous
« exprimer toute ma reconnaissance pour votre obligeante inter-
« vention dans cette affaire.

« Veuillez, etc. »

Ainsi, ma proposition avait abouti à un résultat que rien ne
pouvait me faire prévoir. Après des délais inexplicables, elle était
repoussée.

Cependant je **ne** regrette pas de l'avoir faite. Cette épreuve m'a guéri à tout jamais de la fantaisie de faire des fondations de bienfaisance et m'a prouvé qu'il était sage d'en laisser le soin au Gouvernement.

De plus, je me suis convaincu que pour des Français il n'était pas aussi facile qu'on veut bien le dire, de se soustraire aux règlements (il y a des règlements sur tout) et de renoncer à la tutelle et à la direction de l'administration.

BAYONNE, — IMPRIMERIE P.-A. CLUZEAU, RUE DULUC, 15.